Una jacaranda en medio del patio

MEMORIA DE LA FIEBRE

Colección de poesía

Poetry Collection

FEVERISH MEMORY

Zel Cabrera

UNA JACARANDA
EN MEDIO DEL PATIO

Nueva York Poetry Press LLC
128 Madison Avenue, Oficina 2RN
New York, NY 10016, USA
Teléfono: +1(929)354-7778
nuevayork.poetrypress@gmail.com
www.nuevayorkpoetrypress.com

© Primera edición: 2018, México, Instituto Sinaloense de Cultura

Una jacaranda en medio del patio
© **2020 Zel Cabrera**

© Contraportada:
Brenda Ríos

ISBN-13: 978-1-950474-49-3

© Colección Memoria de la fiebre vol. 1
(Homenaje a Carilda Oliver Labra)

© Dirección:
Marisa Russo

© Edición:
Francisco Trejo

© Diseño de portada:
William Velásquez Vásquez

© Diseño de interiores:
Moctezuma Rodríguez

© Fotografía de portada:
Eastlyn Bright
Adobe License 230115143

Cabrera, Zel
Una jacaranda en medio del patio / Zel Cabrera. 1a edi-- New York: Nueva York Poetry Press, 2020, 114 pp. 5.25" x 8".

1. Poesía mexicana. 2. Poesía latinoamericana.

Todos los derechos reservados. Esta publicación no puede ser reproducida, ni en todo ni en parte, ni registrada en o transmitida por, un sistema de recuperación de información, en electroóptico, por fotocopia, o cualquier otro, sin el permiso previo por escrito de la editorial, excepto en casos de citación breve en reseñas críticas y otros usos no comerciales permitidos por la ley de derechos de autor. Para solicitar permiso, contacte a la editora por correo electrónico: nuevayork.poetrypress@gmail.com

Para ellas

En la época de mi madre
las mujeres eran probables.
Mi madre se sentaba junto a mi abuela
y las dos eran completamente de carne y hueso.

Yo soy apenas una secuela estable
de aquel exceso de realidad.

Y en la ansiedad del pasado indefinido,
en el aspecto durativo de elegir,
escribo ahora: una elegía.

MIRTA ROSENBERG

Falsa memoria

El nombre del pasado

Decir que algo es falso o verdadero,
no importa —no demasiado—
lo importante es la intención,
lo importante es decirlo,
aunque lo digas mal.

Repetir algo hasta que sale bien,
ensayar la palabra como cuando
aprendí a hablar y dije "mamá"
y la repetí por toda la casa,
descifrando mi origen,
dándole peso a las palabras.

Como ahora la memoria se reconfigura
al intentar ponerle un orden a las fechas,
a las anécdotas, no fallar en esta narración,
en este cúmulo de datos biográficos,
en esta fotografía familiar.

Decir por ejemplo que tengo cinco tías,
siete primas y una abuela,
decir que fueron viudas, solteronas,
mujeres que trabajaron.

Darle sus nombres al pasado,
     alimentarlo,
        repartirlo en alientos,

en oraciones que conformen
las que fuimos,
las que somos.

En esta memoria caben todas las fotos viejas,
las anécdotas de mis tías,
sus miedos, los míos,
la jacaranda que mi bisabuela les regaló a sus hijas
y que ellas sembraron en medio del patio.

Aquí empieza la vida, les dijo, aquí empiezan ustedes.
Y poco a poco la vida se les fue desmadejando
como un carrete de hilo
que se extiende por los años hasta llegar a mis venas.

HILO DE COSTURA

Palpo el hilo y palpo la costura,
transparente, impregnada de sudor,
noches en vela, calores, menopausia,
lágrimas, muerte.

Palpo el hilo,
juego a enredarlo con un mechón de mi cabello,
recuerdo que mi abuela era rubia
y tenía muchos lunares en la espalda
como un helado con chispas.

Mi abuela era un postre de grosella,
era fácil amar su generosidad
más allá del dolor o la pobreza,
pues donde comían dos,
comían tres o cinco
o todos.

Dulce como las pasitas,
uno la podía amar con todos los dientes.
Quiero decir, era muy fácil amar a mi abuela;
su dulzura de pan de caja
y polvorones recién horneados
para Día de muertos.

II

Palpo el hilo deshilachado,
el hilo de la sangre,
esta vez pienso en Oralia,
la joven del retrato sepia,
      con la sangre vieja.
Quiero decir; la tía de la leucemia.

La tía que murió en Los Ángeles,
que estuvo veinte días congelada
—la muerte poco entiende
de trámites migratorios,
de visas o boletos de avión.

La muerte entiende de adioses,
de despedidas, de pérdidas—.

III

Palpar el hilo
      es palpar a mi tía,
nombrarla, mirar su retrato
colgante en la pared
y pensar en sus 27 años,
en su sangre.

"Oralia se iba a casar,
pero no le dio tiempo"
repiten mis tías
y miro las madejas
que ruedan por el suelo.

HUIR PARA QUE NO ME ALCANCE LA MUERTE

A los 27 años yo también me iba a casar,
pero una noche se rompió todo.

No, no fue el tiempo,
no, no fue la muerte.
A mí me congelaron las palabras,
las maldiciones, los insultos.

Un hombre intentó sepultarme
con la palabra "puta"
en la frente, en el antebrazo,
en las mejillas, en la espalda,
en los tobillos,

puta, puta, puta puta,

como una sentencia
de puño y letra
que borro ahora
—como quitarse un anillo
        del dedo anular—
y correr para que no me alcance la muerte
para que no me alcance nunca más,
el amor de hombre infeliz
hasta el tuétano.

No, que no me alcance
no,
que no,
no quiero
un matrimonio a la fuerza,
un compromiso conveniente.

Así no quiero estar casada,
no, no,
no quiero estar con un hombre
que me llame puta
y que me estruje la garganta,
porque está borracho
y olvidó su nombre
y quiere apagar el mío
como la muerte apagó a mi tía.

PUTA

Como una consigna,
como todas las consignas,
nos dicen que debemos guardarnos
al primer amor –al único–
pero ay de aquella que no quiera
que desea abrir las piernas por dinero o por amor
o por calentura.

Aquella libre de prejuicios,
aquella que no siguió el consejo de la tía Chonita,
aquella que olvidó,
aquella que sabe que la moral se distrae en cualquier rama,
para atorarse y volverse a atorar,
hasta que es suficiente, hasta el hartazgo
hasta que conoces otra rama,
más larga, más gruesa,
más apetitosa que la anterior.

Y la memoria se convierte en muchas anécdotas,
dicen de ti que has amado mucho.
Te conviertes en la comidilla del pueblo,
en la que tuvo más amantes
que zapatos en el clóset,
entonces ya te llaman puta,
en la plaza te gritan güila
con la mirada fija en tu escote,
en la minifalda ceñida al cuerpo.

II

Y pobre de ti, zorra,
porque alguien va a querer insultarte,
matarte,
solo por ser mujer,
solo por pensarte libre
van a azotarte con los ojos
reprobando tu sexo,
esa forma tuya de coger,
de andar suelta
probando aquí
y calentando allá.

III

Todo el mundo querrá tocar tu entrepierna,
romper tus pequeños calzones
con los dientes, probarte,
estrujarte en carne viva,
oír tus gritos en medio de la madrugada,
sentir tus uñas, tus cabellos empapados de sudor.

Y aún así, te llamarán puta.
Negarán esas ganas,
no,
que nadie sepa que quieren decirte:
mi pequeña puta,
mi puta.

Sin reconocer ese deseo tibio,
secreto,
escociéndoles la entraña,
cuando te miran
rodeando la plaza
pagando las cuentas del banco,
comprando legumbres en el mercado
como cualquier otra.

Singer

POLOCHA

Con una máquina Singer,
mi abuela cosía
cualquier clase de prenda
que las vecinas del barrio
le encargaran;
—lo mismo dobladillos escondiendo fatiga,
vestidos blancos para navegar una iglesia
o sábanas nupciales para tender en los balcones—.

Mi abuela Sinforosa
almidonaba por las tardes aquellas prendas
para que no perdieran la pulcritud
y la finura con la que siempre hizo las cosas.

Era devota a los hilos
lo mismo que al Sagrado Corazón de Jesús,
por eso una estatua la vela,
la acompaña en la tormenta
y cuando no hay alguien cerca,
le dice: Polocha, no estás sola.

II

Con una máquina de coser Singer
y muchas oraciones,
mi abuela alimentó a cinco hijos,
así crio también al muchacho viejo que era mi abuelo
y las mujeres viudas que fueron sus hermanas,
así dio recuerdos y risas a los que pasaban por su casa.

III

Recuerdo poco de mi abuela;
su nombre, su máquina vieja,
el olor a tinte cada que teñía su cabello,
sus tretas para hacerme tomar agua.
Recuerdo también el día de su muerte
y mi previo afán de sacarla del hospital
sobornando a doctores con dibujitos.
Recuerdo ya muy pocas cosas de mi abuela,
he vivido más años extrañándola que conociéndola.

Todavía, en noches de insomnio,
intento recordar su timbre de voz,
no puedo.

Acaso sé que para vivir
cosía
en una máquina vieja.

IV

Cuando murió mi abuela
el mundo de todas
se detuvo.

Las cosas empezaron a pasar
 como en cámara lenta.
La casa poco a poco fue
llenándose de parientes,
vaciándose de muebles
          como en una mudanza
porque así es la muerte en las provincias;
algo que mueve,
algo que por nueve –quizá once– días
nos transforma en copal, rezos
y varias docenas de sillas blancas.

Porque la muerte es algo que nos muda
a un tiempo que solo entiende
de flores blancas, aves marías
y camposantos.

V

Cuando murió Polocha,
su ausencia se hizo la presencia de todas,
sus hermanas llegaron a disponer
la comida y el café del novenario

—que no dijeran que mis tías no sabían cocinar,
que no se dijera que no sabían enterrar a sus muertos,
y si algo dominaban bien mis tías, eran los novenarios,
era su arte hacer de la muerte un ritual ordenado y
         generoso—.

Como en una fiesta,
su velorio se hizo banquete,
no faltó el mole verde,
el atole de galleta,
los tacos de canasta,
las chalupitas, las torrejas.
No faltaron rezanderas, cirios
y una cruz de tierra.

VI

No faltaron manos pero sobraban lágrimas,
sobraba una tristeza que inundó también a las vecinas
como si su muerte significara la de una celebridad.
La casa estuvo desbordada de mujeres
a las que mi abuela les había regalado
un consejo,
un caldo de pollo,
un abrazo.

VII

Cuando mi abuela murió,
alguien atravesó un coche a mitad de la calle.
Quiero pensar que aquellos que pretendieron circular
ese día,
dieron una vuelta
y guardaron el silencio cómplice de la pérdida.

El amor no crece en tierra muerta

BENIGNA MARTÍNEZ, VIUDA DE DAMIÁN

Mi tía Beni se ha vuelto a rapar el cabello,
como una consigna de vida.
A sus 74 años, arrancó de tajo el pelo que creció
después de las quimioterapias,
como una constancia de haber sobrevivido al cáncer.
Me dice: esto es lo más honesto que he hecho.

Mi tía sigue cumpliendo años
y yo sigo telefoneando cada 13 de febrero
para felicitarla, para celebrar su valentía,
lo que el cáncer no puede hacer en contra de los frutos
de la perseverancia.

Madre de tres hijos, abuela de seis nietos,
ha sido viuda por más de cincuenta años,
no quiso volver a casarse ¿para qué?
si el amor no vuelve a ser el mismo,
¿para qué?
si en tierra quemada no florecen las milpas.

II

A los 27 años,
tres disparos bastaron
para sepultar el amor,
pero no el amor para siempre,
no el amor por sus hijos

las balas no sepultaron la risa o el baile
así como el cáncer no pudo
sepultar su perseverancia.

Tres disparos o quizá seis
la arrancaron de Placeritos,
la llevaron de vuelta a Iguala,
a la casa de su hermana,
con sus tres chiquitos,
huérfanos de padre.

III

Ahí estuvo mi abuela,
cuidando que los chamaquitos no estuvieran solos
mientras la tía Benigna se iba a trabajar,
mientras la tía Benigna cuidaba que el luto no se saliera
        por los rincones,
lloraba bajito, para que nadie notara que la viudez es un
        estado del alma,
un dolor que crece debajo de las costillas,
un dolor a solas en medio de la madrugada,
la almohada vacía del otro lado,
los zapatos empolvándose en el closet,
un sombrero deteniendo los años.

IV

En la casa de mi tía,
hay una foto de su esposo muerto,
siempre con una flor,
siempre mirando a la sala
con los ojos grandes.

Joven como entonces
en el retrato el amor
se sostiene de un pequeño marco,
el amor es una foto en blanco y negro
y muchos otros retratos de familia
mirando a la tía, acompañándola
por las tardes.

Todos sus hijos, todos sus nietos,
sonriendo.

V

La casa de mi tía está habitada por fotografías
lo mismo que un museo;
los retratos de sus nietos recién nacidos,
la foto en traje de baño de su hija Delia
desfilando en una pasarela,
los viajes a San Diego,
un par de insignias de Federal de Caminos,
una medalla al mérito por treinta años de servicio.

VI

En la casa de mi tía
—como en un museo—
el amor es la pieza principal.

UNA MUJER DE PALABRA

Dicen que el amor
es una ruleta rusa
y que la vida
una tómbola.

Para mi tía, el amor está en el azar,
en ese deporte de arrojar dados y
tentar a la suerte,
en seguir apostando hasta ganar
o perder su quincena; eso no importa.

Ella quiso que así fuera,
que otras soñaran con casarse de blanco,
con tener un montón de chamaquitos,
y una casa, un auto, un perro.

Que de otras fuera el deber
de lavar los calzones
aguados de un marido
que tarde o temprano
echará panza.

Depender de un hombre
nunca fue para Vicenta,
a menos que ese hombre
fuera el vendedor de lotería
o el crupier de un casino en Las Vegas.

II

Para mi tía el amor,
no se desperdicia en hombres,
flojos o golpeadores,
como lo fue su padre
cuando azotaba a su madre
por no tener lista la cena.

"Si para eso me voy a casar,
      mejor no me caso",
les dijo a sus hermanas,
a sus primas,
a sus sobrinas,
nos dijo a nosotras
y Vicenta Martínez nunca se casó,
cumplió su palabra y se hizo enfermera.

Le ha pegado dos veces al Melate,
como quien sabe que el azar
es la mejor de las certezas.

III

Desde esas certezas,
enuncio a mi tía,
soltera a sus 74 años
      –alguien le dirá solterona,
        ella siempre pide que le digan señorita–
sin hijos, sin marido,
con una pensión que le permite vivir
y apostarle a los Pronósticos,
comprar un cachito de lotería
o dos o tres o los que quiera.

Desde esas certezas,
mi tía es una mujer libre,
una mujer de palabras fuertes,
una mujer que cuida de sus hermanas,
de sus sobrinas.

Elena Martínez, viuda de Martínez

Mi tía Elena también es viuda.
Fue la única de sus hermanas
que estudió en un colegio de monjas
y también la única en quedarse
perpetuamente enojada con la vida
porque el perdón es una debilidad
y una cursilería que solo quita el tiempo.

Hubo un tiempo en el que mi tia fue cursi
y hallaba en la dulzura el combustible
de lo cotidiano, el colorete en sus mejillas,
el labial rojo encendido,
el ramo de rosas a la salida del trabajo,
las fotos en la cartera,
pero ya no son los setentas
y su marido está muerto.

Ya no son los setentas
y nadie la espera a la salida del trabajo,
nadie le susurra al oído: *qué bien te va ese vestido, amor.*

II

Volverse a casar es impensable
para las mujeres como Elena,
solo se ama una vez,
solamente una vez se entrega el alma,
con la dulce y total renunciación.
Una vez nada más en su huerto brilló la esperanza,
de una vida cursi
      como las comedias del cine,
como las canciones de Agustín Lara.

III

El tiempo es oro
y había que ser valiente;
ya que lloraran las demás,
que lloraran aquellas
a las que no las esperara una niña
que ahora estaría huérfana
y triste de no ver a su padre.

IV

La tía Elena ha regañado a todos,
–a la muerte, al tiempo,
a la debilidad, a Dios
por quitarle al hombre de su vida–
pero a veces la tía sonríe,
las veces que consigue olvidar
que la viudez es un dolor
que lo carcome todo.

Herencias

REBELDÍAS

Mamá solía decir que como te ven te tratan,
cuando me miraba con los pantalones rotos
y las blusas cubiertas de pelusa.
Como una adolescente rebelde,
insistía en vestirme como un vago
y pintarme las uñas de negro;
ese era el color de la tristeza.

Mamá puso el grito en el cielo
cuando a las paredes de mi cuarto
le brotaron afiches de punketos
con tatuajes y perforaciones
y las canciones que escuchaba
hablaban de suicidio.

"¿Qué diría tu abuela si te viera con esas fachas?"
me repetía; "pareces chola".

Como castigo, dejó de comprarme ropa:
"si te vas a vestir así, yo no voy a ser tu cómplice",
me gruñía cada que visitamos los centros comerciales.

Y por un año, mamá dejó de ser mi cómplice,
dejó de malcriarme, de peinarme, de quererme.
De poner caritas sonrientes en los hot cakes,
de untarle mermelada a mi bolillo.

II

Durante un año,
mamá me miró triste, enojada.
Y de lejos, en la otra orilla
en la que no he estado nunca,
en ese rincón de los desfiles de moda
y los concursos de belleza,
veía en mis primas
el modelo de hija que hubiera querido;
fue así que la ropa oscura dejó de valer la pena.

Quebrantada y celosa,
probé con otras rebeldías que no comprometieran
el lazo irrefutable que nos hacían madre e hija:
pinté nuevamente mi habitación de blanco,
ayudé con los platos de la cena,
aprendí a hacer gelatinas,
a lavar mi ropa con puntualidad,
a cumplir la promesa de no olvidarla.

Mamá volvió a ser mamá
y con esa complicidad
con la que me leyó cuentos infantiles
ahora leía mis poemas, me escuchaba.
Me reconocía.
Mamá volvió a sonreír:
"¿ya ves? no era tan difícil".

Instrucciones maternas

Mi madre dice que mujeres como yo
sin traza para labores hogareñas
nunca encontrarán marido
con corbata y mancuernillas.

Varias veces me ha dictado
instrucciones de cómo preparar atún a la vizcaína,
cómo quitarle el sarro al inodoro,
también me recuerda
que levante mi cabello después de la ducha.

Una y otra vez, insiste en hacerme a su forma;
soy el molde en el que amasa sus virtudes.

Pero yo demoro el proceso,
dejo secar las pequeñas plantas
que compro para adornar mi departamento,
recojo un mes después los abrigos que dejo en la
        tintorería;
pago el gas en días extemporáneos
y pocas veces como ensalada.

Porque es muy probable que no tenga un marido
que acuda con puntualidad
a las liturgias del domingo.
Porque las mujeres como yo, se casan con sombras

y polvo que se consuela entre los libros,
porque no sé tejer bufandas,
ni rebanar pimientos
y hasta hace un día, aprendí a usar la lavadora.

CUMPLEAÑOS

Mi madre puede decir lo que sea
y lo que sea será más cierto
que la lágrima que cae
en un día de cumpleaños
porque la luz sigue prendida
diciéndome que hay pastel y velitas;
gente que espera para abrazarme
aunque el amor no sea cierto
ni estas palabras que enuncian
la felicidad.

Nada es cierto, pero hoy es mi cumpleaños
y sin embargo,
he tenido días más felices,
horarios que despilfarré
o el día que encontré
mi arete favorito debajo de la cama
Soplo las velas, cada una
ante el asombro de una polaroid
pero las velas son un faro en miniatura
que soplo y apago para perder la ruta.

Manual de dermatología

Los cuentos de princesas
que mamá me leía por las tardes
a la salida del colegio
no aplacaron mi curiosidad,
esa cosquilla por saber cómo era el mundo,
por descifrar el origen.

Cuando nadie estaba cerca,
hurgaba en un manual de dermatología
que tenía mi padre;
me aprendía síntomas del vitíligo,
las causas de las pecas,
los remedios para la comezón,
por resequedad o por descuido
y los ungüentos para las quemaduras.

Recuerdo aquel libro
como si hubiera sido el primero
en tomarme en serio,
en decirme algo de alguien,
algo de mi.

Su portada tenía una fresa
y en su interior albergaba fotografías
de herpes y ronchitas infectadas.

Recuerdo aquél libro porque entonces
yo quería ser doctora   como mi padre,
curar enfermedades de la piel,
hinchazones, irritaciones de la epidermis
por eso experimenté primero con mis muñecas
y luego con el gato.

El gato era un paciente delicado,
fugaz, escurridizo,
pero no más veloz que la muerte,
cuando lo alcanzó en la tormenta.

Siamés y de ojos turquesa,
mi gato murió ahogado,
nunca supe que pasó con sus restos,
nadie me dijo que había muerto,
que no volvería a casa.

Nadie me dijo tampoco,
que la muerte
nos deja huérfanos
a la orilla del sillón,
esperando a que algo vuelva,
aunque no vuelva,
aunque quede el silencio
de lo que fue.

II

En el silencio quedó también
el manual de dermatología de mi padre
abandonado en el librero
como mi sueño de ser doctora
y la esperanza de volver a ver a mi gato.

Mi madre teje una bufanda

Mi madre teje una bufanda
para mí
todos los inviernos,
y mi colección de estas prendas
rebasa más de una docena.

Dice que aprendió a tejer
para protegerme del frío,
de las corrientes de aire helado
que arremeten todos los años,
en esta ciudad,
tan lejos de ella.

En esta misma ciudad,
los días pasan
entre la oficina
y el tráfico.
Arrastrando a veces tristeza,
a veces miedo,
vértigo,
por eso me sostengo de mi bufanda,
meto la nariz en ella,
para cobijarme en medio del remolino,
de la prisa, de vivir lejos.

Todos los inviernos,
mamá busca entre las bolas de estambre

un color nuevo y crispante;
una puntada diferente a la del año pasado,
busca una forma distinta de quererme,
de hacer que su amor
me caliente el pecho.

Y yo llevo sus bufandas
a todos lados.

Aprendo a combinarlas
sin importar la ocasión,
el amor es algo que no pasa de moda.

Piquetes mortales

Comparto el miedo a las abejas solitarias
al igual que mi madre,
mi abuela y la bisabuela
"hay cosas que se heredan",
 me dijo mi mamá
la primera vez que me picó una:
tenía seis años,
andaba en un matorral
cazando cochinillas
con otras niñas de la escuela.

Llegué llorando a casa,
con la mano hinchada
por el piquete
y los ojos también hinchados.

Mamá agarró lodo del limonero
y me lo puso, "esto va a bajarte el dolor".

Yo no creí en sus palabras,
miraba incrédula mi mano y el lodo,
pero el remedio resultó.
"Esto hacía tu abuela cuando nos picaba una abeja,
pero no funciona con los alacranes,
esos si te traban, te mueres".

Primas

LAS PRIMAS DE MI MADRE

Se casaron embarazadas
para guardar las apariencias
      la tía Becky,
      la tía Miriam,
      la tía Delia.

Todas ellas, ocultando en los tules
la barriga,
la deshonra
de no llegar virgen al matrimonio
–la torta antes del recreo–.

Sus madres estuvieron avergonzadas,
fue un día triste a pesar de la blancura de sus vestidos
porque mi familia –como todas las familias–
creía en la pureza y en la castidad
como si esas virtudes se les hubieran perdido
a las primas de mi madre,
como si la belleza fuera un asunto de pulcritudes.

II

Las primas de mi madre,
son bellas,
barrigonas o no,
dándole el sí a ese fulgor
que todas las mañanas les amanece
en los ojos,
en los cabellos.

III

Mi familia no sabe que se puede pasar por el pantano,
sin pisar el fango,
porque la belleza sí es algo
que no distingue el piso.

Cegueras

Con los ojos cerrados
–muy cerrados–
mi tía Delia llegó al altar.

De la mano de un hombre
cansado, poco formal,
impaciente,
poco confiable
y algo borracho,
mi tía Delia
le dijo que sí al juez,
le dijo que sí al destino triste,
le dijo que sí a los engaños,
a la vida precaria,
le dijo que no a sus sueños
de viajar por el mundo,
de tener una casa propia,
de hablar muchos idiomas.

Con los ojos cerrados
–muy cerrados–
mi tía Delia ya no sueña,
duerme sabiendo que su marido
sí sueña pero sueña con otras,
nunca con ella.

Mi tía Delia cierra los ojos,
abrirlos duele;
¿qué van a decir de ella si se divorciara?
no, es mejor no saber
si su marido miente
y si se esconde detrás de una cortina
para desear año nuevo,
para decir: te amo, mucho, bebé
eres el amor de mi vida, mi amor,
te mando muchos besos, corazón de mi alma.

Y es otra la que escucha
del otro lado del teléfono, no es mi tía.
Yo también escucho al marido infiel,
al cabrón escurridizo que miente,
salgo de la penumbra y lo miro
con los ojos abiertos
que no tiene mi tía.

SOLTERAS

> Mis primas y yo,
> no nos casamos.
> Somos muy viejas
> para los estándares mexicanos.
> SANDRA CISNEROS

Todas mis primas están solteras
todas menos una,
aquella que no aprendió
que el amor no es una moneda de cambio
y se deja presumir por el marido,
cual Barbie de pasarela
y se deja abandonar
cual juguete pasado de moda.

No he de decir su nombre
para no avergonzarla más,
para no romper las burbujas
en las que todos los días
lava el amor
—si es que a eso podemos llamarlo amor—.

II

Alguien dirá que es estúpida,
yo solo digo que no sabe nada,
que creció viendo telenovelas
y leyendo libros de superación personal.

¿Qué diría Flaubert de mi prima casada
mirando su cintura perfecta
y su busto de silicona?
No diría nada,
O quizá diría que a ésta la ha escrito Emilio Larrosa.
"Salud, dinero y amor",
aunque el concepto de amor es más dinero que otra cosa.

III

Porque el amor por interés estaba bien
hace algunos años
—y solo para algunas mujeres—
pero no para mi prima casada
no para una que creció debajo de la jacaranda
de la bisabuela.
—porque los dedos de la mano no son iguales,
las ramas secas también son parte de un árbol—.

IV

¿Qué diría mi abuela
si la viera casada
         por mero interés?
Mi abuela que repudió la frivolidad
de aquellos que quisieron comprarla

–porque el amor no se compra,
el amor se trabaja, hija–.

V

Con frecuencia me pregunto
qué diría mi abuela al ver que mi prima
casada, pasa más tiempo en centros comerciales
que cuidando la infancia de su hija.
Pero mi abuela está muerta
y ya no nos conoce,
ya no sabe qué fue de aquellas ramas,
de las flores a las que dio fruto

mi abuela tampoco sabe
        que escribo esto
que en una parte de aquel árbol
estoy yo,
soltera —como el resto de sus nietas—
nombrando el pasado
        de las que fueron,
        de las que somos.

VI

Algunas ramas nacen secas,
eso diría yo de este melodrama de casarse por dinero,
de dejarse comprar por un hombre
y pasearse por Las Vegas de su mano,
mientras dura el flash de la cámara,
mientras la chequera tenga hojas en blanco.

VII

Todas mis primas están solteras,
dicen que el amor llegará,
o no,
tampoco urge.

Cada quien ha buscado permanecer libre
que bastante trabajo cuesta la libertad,
me dicen.
Yo sonrío al escucharlas,
aplaudo su manera de hacerse solas,
esta consigna de jacarandas que nacen
y crecen
a la intemperie de la vida.

OFICIAL DAMIÁN

Siempre la supimos diferente
pero nunca nos pareció rara.
Intrépida y valiente,
trepaba árboles
sin miedo a rasparse las rodillas.

Con ese mismo arrojo,
escogía disfraces que
difícilmente iban a encajar
en los estereotipos
mexicanos,
pero
no hacía falta encajar,
ella era nuestra prima,
como fuera que fuera
vestida o disfrazada
o jugando a ser Tarzán,
enseñándonos a las demás
a atarnos las agujetas,
enseñándonos trucos
en los videojuegos.

Con ella, aprendimos a ver películas de terror
sin tener pesadillas,
aprendimos que los prejuicios
o las miradas inquisitorias
no interrumpirían nuestros juegos,
nuestra vida.

II

A Shy nunca le gustó el color rosa,
nunca trajo vestidos a las fiestas,
se cortó el cabello todo lo corto
que se pudo.

Ahora es policía,
después de varios años lejos
ha vuelto a casa
con una insignia en el pecho,
la llaman por su apellido:
Oficial Damián.

Una jacaranda en medio del patio

UN LUGAR PROPIO

Retratar la memoria
y volverla a nombrar
      —¿quiénes somos?
      —¿para qué?

pero nombrar no basta,
nombrar es acostarse sobre la milpa,
sin recordar que antes de milpa fue
      semilla,
      tierra,
      agua.

Yo nombro a las mujeres,
      a las tías,
      a las viudas,
      a las primas,
      a mi abuela.

Me nombro,
      con su apellido,
      con sus historias,
      con lo que les duele.

Ellas son el árbol
de estas líneas,
hasta aquí la jacaranda crece,
extiende las raíces por debajo de nosotras.

La jacaranda se bifurca,
        en dos
        en tres,
        en cinco,
        en todas las que somos
        y ocupamos esta tierra,
        para crecer,
para hacernos de un lugar propio.

II

Estoy de pie,
enfrente de esa jacaranda
mirando lo alto que llegaron las ramas,
viendo florecer cada uno de los tallos.

–Esto no es falso,
          repito en voz alta,
–Esto no es falso,
          grito muy fuerte.

La falsedad es otra cosa,
es una falta de nombre exacto
en el que todas las cosas se olvidan.

Como en un espejo

Estoy frente a ellas,
 —mi madre,
su madre,
las hermanas de mi abuela,
sus hijas—

camino todos los días al trabajo con ellas,
me preparo el desayuno con ellas,
bebo café con ellas
	—dos de azúcar—
me pinto las uñas con ellas,
compro flores en el mercado con ellas,
	—tres ramitas de nardos, por favor—
me desvelo con ellas.

II

Me visto
me desvisto
                       con ellas
                       no hay pudor.

En el espejo somos la misma,
somos mujeres posibles,
que habitamos la tierra,
ceñidas como una jacaranda
a sus raíces,
a florecer en primavera.

ACERCA DE LA AUTORA

Zel Cabrera (Guerrero, 1988) es poeta, traductora y periodista mexicana, egresada de la Maestría en Periodismo Político de la Escuela de Periodismo Carlos Septién García. Fue becaria del Programa de Jóvenes Creadores del Fonca (2017- 2018) y de la Fundación para las Letras Mexicanas (2014-2015). Obtuvo el Premio Nacional de Poesía Tijuana 2018. Es autora de los libros *Perras* (Fondo de Cultura Económica/Fondo Editorial Tierra Adentro, 2019), *La arista que no se toca* (IMAC, 2019), *Una jacaranda en medio del patio* (Instituto Sinaloense de Cultura, 2018) y *Cosas comunes* (Simiente, 2019; Ediciones Liliputienses, 2020).

ÍNDICE

Una jacaranda en medio del patio

Falsa memoria
El nombre del pasado · 15
Hilo de costura · 17
Huir para que no me alcance la muerte · 20
Puta · 22

Singer
Polocha · 27

El amor no crece en tierra muerta
Benigna Martínez, viuda de Damián · 37
Una mujer de palabra · 43
Elena Martínez, viuda de Martínez · 46

Herencias
Rebeldías · 53
Instrucciones maternas · 55
Cumpleaños · 57
Manual de dermatología · 58
Mi madre teje una bufanda · 61
Piquetes mortales · 63

Primas
Las primas de mi madre · 67
Cegueras · 70
Solteras · 72
Oficial Dmián · 79

Una jacaranda en medio del patio
Un lugar propio · 83
Como un espejo · 86

Acerca de la autora · 91

Colección
VIVO FUEGO
Poesía esencial
(Homenaje a Concha Urquiza)

1
Ecuatorial / Equatorial
Vicente Huidobro

Colección
CUARTEL
Premios de poesía
(Homenaje a Clemencia Tariffa)

1
El hueso de los días.
Camilo Restrepo Monsalve
-
V Premio Nacional de Poesía
Tomás Vargas Osorio

Colección
PIEDRA DE LA LOCURA
Antologías personales
(Homenaje a Alejandra Pizarnik)

1
Colección Particular
Juan Carlos Olivas

2
Kafka en la aldea de la hipnosis
Javier Alvarado

3
Memoria incendiada
Homero Carvalho Oliva

4
Ritual de la memoria
Waldo Leyva

5
Poemas del reencuentro
Julieta Dobles

6
El fuego azul de los inviernos
Xavier Oquendo Troncoso

7
Hipótesis del sueño
Miguel Falquez Certain

8
Una brisa, una vez
Ricardo Yañez

9
Sumario de los ciegos
Francisco Trejo

10
A cada bosque sus hojas al viento
Hugo Mujica

Colección
CRUZANDO EL AGUA
Poesía traducida al español
(Homenaje a Sylvia Plath)

1
*The Moon in the Cusp of My Hand /
La luna en la cúspide de mi mano*
Lola Koundakjian

2
And for example / Y por ejemplo
Ann Lauterbach

3
Sensory Overload / Sobrecarga sensorial
Sasha Reiter

Colección
MUSEO SALVAJE
Poesía latinoamericana
(Homenaje a Olga Orozco)

1
La imperfección del deseo
Adrián Cadavid

2
La sal de la locura / Le Sel de la folie
Fredy Yezzed

3
El idioma de los parques / The Language of the Parks
Marisa Russo

4
Los días de Ellwood
Manuel Adrián López

5
Los dictados del mar
William Velásquez Vásquez

6
Paisaje nihilista
Susan Campos Fonseca

7
La doncella sin manos
Magdalena Camargo Lemieszek

8
Disidencia
Katherine Medina Rondón

9
Danza de cuatro brazos
Silvia Siller

10
Carta de las mujeres de este país / Letter from the Women of this Country
Fredy Yezzed

11
El año de la necesidad
Juan Carlos Olivas

12
El país de las palabras rotas / The Land of Broken Words
Juan Esteban Londoño

13
Versos vagabundos
Milton Fernández

14
Cerrar una ciudad
Santiago Grijalva

15
El rumor de las cosas
Linda Morales Caballero

16
La canción que me salva / The Song that Saves Me
Sergio Geese

17
El nombre del alba
Juan Suárez

18
Tarde en Manhattan
Karla Coreas

19
Un cuerpo negro / A Black Body
Lubi Prates

20
Sin lengua y otras imposibilidades dramáticas
Ely Rosa Zamora

21
El diario inédito del filósofo vienés Ludwig Wittgenstein /
Le Journal Inédit Du Philosophe Viennois Ludwig Wittgenstein
Fredy Yezzed

22
El rastro de la grulla / The Crane's Trail
Monthia Sancho

23
Un árbol cruza la ciudad / A Tree Crossing The City
Miguel Ángel Zapata

24
Las semillas del Muntú
Ashanti Dinah

25
Paracaidistas de Checoslovaquia
Eduardo Bechara Navratilova

26
Este permanecer en la tierra
Angélica Hoyos Guzmán

27
Tocadiscos
William Velásquez

28
De como las aves pronuncian su dalia frente al cardo /
How the Birds Pronounce Their Dahlia Facing the Thistle
Francisco Trejo

29
El escondite de los plagios / The Hideaway of Plagiarism
Luis Alberto Ambroggio

30
Quiero morir en la belleza de un lirio /
I Want to Die of the Beauty of a Lily
Francisco de Asís Fernández

Colección
VEINTE SURCOS
Antologías colectivas
(Homenaje a Julia de Burgos)

1
Antología 2020 / Anthology 2020
Ocho poetas hispanounidenses / Eight Hispanic American Poets
Luis Alberto Ambroggio

Colección
PARED CONTIGUA
Poesía española
(Homenaje a María Victoria Atencia)

1
La orilla libre / The Free Shore
Pedro Larrea

2
No eres nadie hasta que te disparan /
You are nobody until you get shot
Rafael Soler

Colección
SOBREVIVO
Poesía social
(Homenaje a Claribel Alegría)

1
#@nicaragüita
María Palitachi

Colección
TRÁNSITO DE FUEGO
Poesía centroamericana y mexicana
(Homenaje a Eunice Odio)

1
41 meses en pausa
Rebeca Bolaños Cubillo

2
La infancia es una película de culto
Dennis Ávila

3
Luces
Marianela Tortós Albán

4
La voz que duerme entre las piedras
Luis Esteban Rodríguez Romero

5
Solo
César Angulo Navarro

6
Échele miel
Cristopher Montero Corrales

7
La quinta esquina del cuadrilátero
Paola Valverde

8
El diablo vuelve a casa
Marco Aguilar

9
El diablo vuelve a casa
Randall Roque

10
Intimidades / Intimacies
Odeth Osorio Orduña

11
Sinfonía del ayer
Carlos Enrique Rivera Chacón

12
Tiro de gracia / Coup de Grace
Ulises Córdova

13
Al olvido llama el puerto
Arnoldo Quirós Salaza

Colección
LABIOS EN LLAMAS
Poesía emergente
(Homenaje a Lydia Dávila)

1
Fiesta equivocada
Lucía Carvalho

2
Entropías
Byron Ramírez Agüero

3
Reposo entre agujas
Daniel Araya Tortós

Colección
MUNDO DEL REVÉS
Poesía infantil
(Homenaje a María Elena Walsh)

1
Amor completo como un esqueleto
Minor Arias Uva

2
Del libro de cuentos inventados por mamá
La joven ombú
Marisa Russo

Colección
MEMORIA DE LA FIEBRE
(Homenaje a Carilda Oliver Labra)

1
Bitácora de mujeres extrañas
Esther M. García

2
Un jacaranda en medio del patio
Zel Cabrera

3
Erótica maldita
María Bonilla

Para los que piensan, como Pura López Colomé, que "hay sustancias que viajan por la sangre; restos de ceguera temporal", este libro se terminó de imprimir en junio de 2020 en los Estados Unidos de América.

www.ingramcontent.com/pod-product-compliance
Lightning Source LLC
Chambersburg PA
CBHW030120170426
43198CB00009B/679